Kreatives und künstlerisches Gestalten in Freizeit und Beruf –
dafür steht der Name CHRISTOPHORUS seit mehr als 30 Jahren.
Jedes CHRISTOPHORUS-BUCH ist mit viel Sorgfalt erarbeitet:
Damit Sie Spaß und Erfolg beim Gestalten haben –
und Freude an unverwechselbaren Ergebnissen.

Fantasievolles Filzen

Schmuck & dekorative Accessoires

Ernestine Fittkau, Ingrid Moras,
Ursula Müller-Wüstemann, Sybille Rogaczewski-Nogai,
Martha Steinmeyer

INHALT

Wunderbares Filzen		Seite	7
Material & Technik	Filzen mit Seifenlauge	Seite	8
	Filzen mit der Nadel	Seite	13
Schmuck & Accessoires	Black & White	Seite	16
	Schmuckdöschen	Seite	18
	Halbkugel-Kollier	Seite	20
	Ringe & Armbänder	Seite	22
	Bunte Kette	Seite	24
	Farbenrausch	Seite	26
Kuscheliges für Kinder	Spieluhren	Seite	28
	Klingelbälle	Seite	30
	Sandmännchen	Seite	32
	Stift-Figuren	Seite	34
	Elefant & Giraffe	Seite	36
Frühling & Ostern	Osterstecker	Seite	38
	Gänse & Ostereier	Seite	40
	Entenküken	Seite	42
	Elfen	Seite	44
	Zipfel-Körbe	Seite	46
	Ostertisch	Seite	48
Weihnachten	Elch & Schneemann	Seite	50
	Lebkuchenmännchen	Seite	52
	Eisbären	Seite	54
	Sterne	Seite	56
	Weihnachtstisch	Seite	58
Vorlagen		Seite	60

WUNDERBARES FILZEN

Filzen ist eine alte Technik, bei der Schafswolle so verarbeitet wird, dass sie vielfältig nutzbar ist. Dabei können viele wunderbare Objekte entstehen. Auf den folgenden Seiten werden zwei unterschiedliche Methoden vorgestellt, mit denen die Schafswolle, auch „Märchenwolle" genannt, verarbeitet wird: das Filzen mit Seifenlauge und das Filzen mit der Nadel. Je nach Modell wird die entsprechende Technik angewandt.
Ringe, Ketten, Armbänder, kleine Döschen oder Bälle werden mit Seifenlauge gefilzt, d. h. sie werden mit Wolle, Wasser und Seife hergestellt. Figuren und Tiere, wie ein kleiner Teddy, ein Elefant, ein Hase, eine Elfe oder ein Schneemann entstehen mit der Filznadel. Schnell können aus der Wolle, die in vielen ansprechenden Farben erhältlich ist, Körper und Kopf geformt und Details fixiert werden.

In diesem Buch finden Sie viele Schmuckideen, kuschelige Figuren für Kinder, Dekorationen für Frühling und Ostern sowie für Weihnachten. Lassen Sie sich inspirieren und entdecken Sie die vielen Möglichkeiten des Filzens! Bestimmt werden auch Sie bald im Filzrausch sein und auch Ihre eigenen Vorstellungen umsetzen.

Viel Spaß und Erfolg dabei wünschen Ihnen

Ernestine Tittkau

Ingrid Moras

Ursula Müller-Wiedemann

Sybille Roganewski-Nojai

Martha Steinmeyer

MATERIAL & TECHNIK

Filzen mit Seifenlauge

Die Filzwolle

Das Grundmaterial für alle beschriebenen Modelle ist gereinigte und gekämmte Schafwolle, die chemisch oder pflanzlich eingefärbt wurde. Die verschiedenen Wollsorten werden in drei gängigen Kämmarten angeboten: als Vlies, Kardenband oder Kammzug. Im Fachhandel gibt es Filzwolle auch unter der Bezeichnung „Märchenwolle" in vielen verschiedenen Farben.

Die Technik

Die Grundtechnik des Filzens mit Seifenlauge besteht darin, ungesponnene, gekämmte Wollfasern mithilfe von heißem Wasser, Seife und Bewegung zu einem festen Gewebe zu verbinden. Das Gleiche geschieht, wenn ein Wollpullover aus Versehen zu heiß gewaschen wird – er verfilzt und wird kleiner. Die Zugabe von Seife beschleunigt den Prozess des Filzens. Die Wollfasern ziehen sich durch die Hitze zusammen und durch Reiben und Walken verhaken sie ineinander. Damit die Wollfasern sich verhaken, müssen sie dachziegelartig und kreuz und quer übereinander ausgelegt werden. Es werden immer mindestens zwei Wolllagen benötigt, damit eine geschlossene Oberfläche entsteht. Mehrere gleichmäßig gezupfte Wolllagen ergeben einen ebeneren und festeren Filz.

Je nach Wollqualität schrumpft die Wolle während des Filzens erheblich, im Schnitt etwa 40 bis 50 Prozent. Als Seife eignet sich Kernseife besonders gut, da diese mit den nassen Händen direkt aufgetragen werden kann. Auch flüssige Schmierseife oder Seifenflocken können verwendet werden. Kosmetische Seifen oder alkalische Allzweckreiniger eignen sich nicht zum Filzen. Die Seife mit den nassen Händen direkt auftragen oder in heißem Wasser auflösen (ca. 1 EL pro Liter).

Hilfsmittel

Eine Schüssel mit handwarmem Wasser und eine Wäscheeinspritzflasche zum Befeuchten der Wolle für den ersten Arbeitsgang, heißes Wasser auf einem Stövchen für den zweiten Arbeitsgang. Außerdem sollte ein altes Handtuch und eventuell eine Schere, ein Cutter und eine Ahle (zum Durchstechen von Kugeln und Filzplatten) bereitliegen. Zum Walken eignen sich alle rauen Unterlagen, zum Beispiel eine Noppenfolie, eine Autofußmatte aus Gummi, ein Bambusrollo, eine Bambusmatte, ein Tischset oder ein Frotteetuch.

Der Arbeitsplatz

Ideal zum Filzen ist ein großer, stabiler Tisch mit einer wasserunempfindlichen Oberfläche. Holztische können mit einer stabilen Plastikfolie abgedeckt werden. Dazu alle vier Seiten einmal etwa 10 cm breit einschlagen, nach oben klappen und an allen Ecken mit Wäscheklammern fixieren. Auch ein Spülbecken mit Riffelablage eignet sich gut. Beim Filzen auf eine optimale Arbeitshöhe achten, beim Stehen nicht vornüberbeugen. Kleinere Filzstücke können auch einfach in einer flachen Wasserwanne, zum Beispiel einem größeren Kuchenblech, einem Tablett oder einer Schuhablage aus Kunststoff hergestellt werden. In der Nähe des Arbeitsplatzes sollte heißes Wasser zur Verfügung stehen (mindestens 60 °C). Im Sommer lässt es sich auch gut im Freien arbeiten.

Schablonen

Schablonen für Filzplatten oder Hohlformen (Taschen oder Döschen) müssen wasserfest sein. Am besten eignet sich festes Verpackungsmaterial wie zum Beispiel Noppenfolie, aber auch Windradfolie ist geeignet. Die Schablone größer als das Werkstück zuschneiden, da die Wolle beim Filzen erheblich schrumpft. Bei einer Filzplatte dient die Schablone nur als Formatvorlage, bei einer Hohlform liegt die Schablone zwischen den Wollschichten und verhindert so das Zusammenfilzen.

Kugeln filzen

1 Aus trockener Filzwolle einen festen Kern bilden und mit der ausgezupften Wolle in Längs- und Querrichtung einpacken. Je sorgfältiger und gleichmäßiger dies gemacht wird, umso schöner wird das Ergebnis. So stark, wie sich die trockene Wolle zusammendrücken lässt, wird ungefähr die fertige Kugel.

2 Die trockene Kugel leicht in den Handflächen rollen und dann immer wieder in handwarmes Seifenwasser oder Wasser tauchen und Seife mit der nassen Hand dazugeben. Die Kugel mit vorsichtigen und leichten Bewegungen in beiden Händen hin und her rollen, bis sich eine immer dichtere Oberfläche bildet. Darauf achten, dass sich keine Falten zusammenfilzen.

3 Erst wenn sich alles etwas fester anfühlt, die Kugel stärker rollen und drehen. Jetzt kann auch mit heißerem Wasser und auf einer gerillten oder genoppten Unterlage gearbeitet werden, um den Filzprozess zu beschleunigen. Eine fertige Kugel fühlt sich kompakt und hart an.

Seite 9

Flächen & Hohlformen filzen

1 Eine Schablone auf die trockene Unterlage legen. Den Anfang des Wollstrangs mit einer Hand festhalten und mit der anderen Hand sorgfältig einzelne Wollbüschel herausziehen. Die erste Reihe gleichmäßig nebeneinander auf die Schablone legen. Die zweite Reihe leicht überlappend auf die erste legen. Die zweite Schicht im rechten Winkel dazu arbeiten. Für eine Hohlform die Wollfasern etwa 3 cm überstehen lassen.

2 Die Wolle mit der Spritzflasche mit warmem Wasser befeuchten. Mit der flachen Hand die Wolle auf die Unterlage drücken, damit sich die Wolle voll Wasser saugt. Für das Filzen einer Hohlform einen trockenen Rand stehen lassen. Die Hände einseifen und mit den Handballen über die nasse Wolle reiben. Wenn eine leichte Verbindung zu spüren ist, das Teil mithilfe einer Folie vorsichtig wenden.

3 Die etwa 3 cm überstehenden Verbindungsfasern über die Folienkante legen, wässern und andrücken.

4 Die Rückseite der Schablone – wie unter Nr. 1 beschrieben – mit Wolle auslegen, dabei wieder die Wolle etwa 3 cm über die Schablone hinaus auslegen. Eventuell ein Muster in einer andersfarbigen Wolle auflegen. Diese Seite genauso bearbeiten, wie es unter Nr. 2 beschrieben ist. Danach das Filzstück wieder drehen.

5 Um beim Einwässern das Verschieben der Wolle oder des Musters zu verhindern, ein Stück Gittergardinenstoff auf die Wolle legen. Damit bleibt die Wolle auch beim Anfilzen nicht an den Händen kleben.

6 Den Rand – wie unter Nr. 3 beschrieben – auf die bereits angefilzte Fläche einschlagen und andrücken. Das Filzstück nun immer wieder mit heißem Wasser begießen, Seife mit den nassen Händen auftragen und mit kreisenden Bewegungen und sanftem Druck die Fasern bearbeiten. Dabei immer von außen nach innen arbeiten. Wenn beide Seiten gut angefilzt sind, vorsichtig das Wasser aus dem Filzstück drücken.

7 Das Filzstück an der gewünschten Stelle auf- oder ausschneiden. Die aufgeschnittenen Kanten sorgfältig mit den flachen Händen weiter bearbeiten, bis sie sich fest anfühlen.
Die Schablone herausnehmen und nun die ganze Form weiter verfilzen.

8 Zum Walken das Filzstück in ein Frotteehandtuch rollen, mit heißem Wasser besprühen und mit leichtem Druck auf einer rauen Unterlage hin und her bewegen. Die Rolle immer wieder öffnen und das Filzteil in Form ziehen. Es muss von allen Seiten eingerollt und gewalkt werden. Nach einiger Zeit das Filzstück in eine Noppenfolie wickeln und bearbeiten bis es sich nicht mehr in die Länge und Breite ziehen lässt. Seife gut ausspülen und beim letzten Spülen etwas Essig ins Wasser geben.

Seite **11**

Blütenringe filzen

1 Den Blütenfingerring aus drei Teilen arbeiten. Für den unteren, größeren Blütenteil aus drei Lagen Wolle ein rundes Kissen von etwa 10 cm Ø auslegen. Für den mittleren Blütenteil ein kleineres, dünneres Kissen von etwa 6 cm Ø vorbereiten. Für die Ringschiene einen etwa 20 cm langen und zwei Finger dicken Strang bereitlegen. Die beiden Kissen mit Wasser und Seife leicht anfilzen.

2 Das größere runde Kissen einschneiden, sodass Blütenblätter entstehen. Die Ecken der einzelnen Blütenblätter abschneiden. Für diesen Arbeitsschritt kann auch eine Schablone (Vorlage 1, Seite 60) verwendet werden. Bei der großen Blüte die Kanten sanft mit den Händen bearbeiten, bei der kleineren Blüte die Blütenblätter vorsichtig zu kleinen Röllchen formen.

3 Die kleinere Blüte auf die größere legen. Durch beide Teile in der Mitte mit der Ahle oder einem anderen spitzen Gegenstand ein Loch bohren und die beiden Enden des vorbereiteten Strangs (Ringschiene) hindurchziehen.

4 Die Ringschiene um zwei Finger legen und die Blüte so weit zurückschieben, bis sie gut aufliegt. Die Enden des Strangs auf etwa 3 cm zurückschneiden und mit Wasser und Seife zu einer Kugel filzen. Anschließend die Ringschiene bis auf die gewünschte Größe reiben und rubbeln, danach die Blütenblätter fertig formen.

Filzen mit der Nadel

Die Filzwolle

Auch hier ist das Grundmaterial gereinigte und gekämmte Schafswolle (siehe dazu auch Seite 8).

Filznadeln

Der Handel bietet grobe und feine Filznadeln an. Diese haben an der Spitze kleine Widerhaken, die nach vorne gerichtet sind. Dadurch werden beim Einstechen in die Wolle die Wollfasern mit nach unten gezogen. Durch mehrmaliges Einstechen verschlingen sich die Einzelfasern zu einem festen Flächengebilde: Sie verfilzen. Wolle kann auch mit Filzplatten verbunden werden, indem die Wollfasern mit der Filznadel in den Filz hineingestochen werden.
Die Wolle mit der Hand reißen. Sie kann aber auch mit einer Schere geschnitten werden. Perlen mit einer Nähnadel annähen.

Die Nadeln sind sehr spitz. Deshalb die Hand nie in die Nähe der Einstichstelle bringen. Am besten für das Filzen etwa 4 cm dickes Styropor (oder Schaumstoff) als Unterlage verwenden.

Figürliches Filzen

Das Grundgerüst

1 Für ein Küken ein etwa 20 cm langes Stück Wolle vom gelben Strang reißen, in der Mitte knicken und mit einigen Fäden den „Hals" locker umwickeln. An Kopf und Hals mit der Nadel rundum in die Wolle einstechen, um sie etwas zu verfilzen. Dazu die Form drehen.

Je mehr gestochen wird, desto dichter, fester und kleiner wird die Form. Die Nadel immer von allen Seiten her in die Figur oder das Detail stechen.

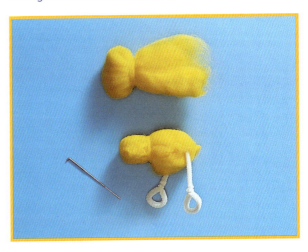

2 Die Strang-Enden nach innen einschlagen. Dabei bei Bedarf Chenilledraht für die Beine mit einwickeln. Den hinteren Woll-Knick als Schwanz mit der Nadel verdichten: Immer wieder mit der Nadel in den Schwanz stechen, bis sich die Wolle verfilzt. Falls der Schwanz zu breit ist, die Wolle mit der Nadel vom Rand nach innen ziehen und mehrfach einstechen, bis ein sich verjüngendes Ende entsteht. Den Körper rundum etwas verdichten.

Die Formgebung

1 Um Kopf und Körper mehrfach dünne Lagen Wolle wickeln und „anfilzen", also die Nadel immer wieder rundum einstechen, bis Kopf und Körper entsprechend der Vorlage aufgebaut sind. Die Figur dazu auf der Unterlage drehen. Der Drahtbogen der Beine wird so fest eingefilzt.

Einstichlöcher verschwinden, wenn die Figur entweder einige Male zwischen den Handflächen gerollt oder dünne Strähnen durch einige, nicht tief gehende Stiche mit der Nadel fixiert werden.

2 Damit sich der Kopf nach oben aufrichtet, mit der Nadel immer wieder oben am Hals einstechen: So verdichtet sich die Wolle dort stärker, der Kopf biegt sich nach oben und der Hals wird deutlicher und schmaler. Wenn sich der Kopf nach vorn neigen soll, den Hals zusätzlich von unten verdichten.

Flügel und Haarbüschel

Für die Flügel und den Haarbüschel am Kopf eine kleine Strähne vom Wollstrang abreißen, in der Mitte knicken und diesen Bogen mit der Nadel so oft in die Form stechen, bis die Strähne gut verankert ist. Nach Wunsch mit der Schere einkürzen.

Wangenpunkte

Je eine dünne Strähne mit den Fingern in Schneckenform zu einem Kreis (bis zu 15 mm Ø) rollen, auf den Kopf legen und durch Einstechen mit der Nadel anfilzen. Dabei verringert sich der Durchmesser, da die Randhaare der Wolle mit der Nadel nach innen gezogen und verfilzt werden. Die Punkte können auch zunächst auf der Unterlage verdichtet und erst dann auf die Form gefilzt werden. Die Punkte beim Igel und Marienkäfer genauso arbeiten.

Schnabel

Für den Schnabel eine kleine Strähne zu einer 4 cm langen Rolle formen und auf der Unterlage mit der Nadel verdichten. Dabei die Schnabelform herausarbeiten, indem die Wollfasern am Rand entsprechend nach innen gezogen und verfilzt werden. Anschließend ein Ende (Schnabelansatz) am Kopf fest anfilzen. Den Schnabelansatz mit etwas Wolle umwickeln und zusätzlich anfilzen.

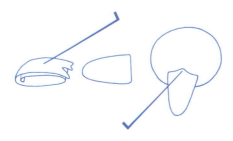

Beine und Augen

Den Chenilledraht der Beine mit dünnen Strähnen umwickeln und mit der Nadel verfilzen.
Als Augen Perlen mit einem transparenten Nähfaden annähen. Den Faden zwei- bis dreimal durch den Kopf und die Perlen führen, anschließend die Enden mehrmals miteinander verknoten und vernähen.

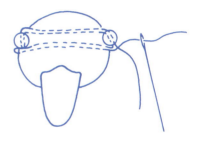

Filzplatten für „Wiesenstücke"

Mehrere Strähnen (je nach Größe der Fläche) kreuz und quer auf die Styroporunterlage legen. Dabei die Wolle gleichmäßig verteilen und am Rand umschlagen. Alles mit der Nadel zu einer Platte verfilzen. Die Platte wenden und noch einmal von der Rückseite her bearbeiten. Den Vorgang wiederholen, bis eine feste Platte entstanden ist. Falls der Rand zu dünn ist, einfach mit der Nadel nach innen ziehen und verfilzen.

Filzplatten und Körper werden besonders stabil, wenn die Richtung der einzelnen dünn aufgefächerten und aufeinander gelegten Wollsträhnen kreuz und quer abgewechselt wird.

Seite 15

SCHMUCK & ACCESSOIRES

MATERIAL

- Märchenwolle in Weiß, Schwarz, ca. je 10 g
- Seifenlauge
- Rocailles in Weiß, matt, 5,5 mm Ø
- Schmuckdraht in Silber, 1 mm Ø
- Halsreif
- Stretch-Magic in Schwarz, 1 mm Ø
- Quetschperlen in Platin
- Twisterstab, 2 und 3 mm Ø

Vorlage 2
Seite 60

Black & White

Kette

1 Mit der Wolle eine Rolle filzen, die innen weiß und außen schwarz ist. Dafür schwarze und weiße Wolle aufeinander legen, einrollen und sehr hart filzen. Die feuchte Rolle mit einem Cutter in 0,5 cm dicke Scheiben schneiden.

2 Aus dem Schmuckdraht mit dem 3-mm-Twister vier 1 cm lange Spiralen drehen. Mit dem 2-mm-Twister drei 0,5 cm lange Spiralröhren, dabei den Draht 5 cm länger lassen und zu einer Schnecke drehen (Vorlage 2).

3 Die Filzscheiben mit einer Ahle vorbohren und aufreihen.

Armband

Für das Armband sechs Spiralen mit Schnecken arbeiten. Mit den Perlen und Filzscheiben auf den Stretch-Magic ziehen und mit Quetschperlen verschließen.

MATERIAL

Grün/Pink
- Märchenwolle in Grün, Pink, ca. 7 g
- Styroporkugel, 10 cm Ø
- Filznadel

Pink/Orange
- Märchenwolle in Pink, Orange, ca. 4 g
- Styroporkugeln, 6 und 8 cm Ø

Pink/Violett
- Märchenwolle in Pink, Violett, ca. 4 g
- Styroporkugel, 7 cm Ø

Gelb/Violett
- Märchenwolle in Dunkelgelb, Violett, ca. 5 g
- Styroporkugel, 5 cm Ø

Orange/Violett
- Märchenwolle in Orange, Violett, ca. 2 g
- Styroporkugel, 5 cm Ø

Alle:
- Seifenlauge

TIPP

Um eine überfilzte Styroporform herauszunehmen, ohne dass eine große Öffnung geschnitten werden muss, am besten eine kleine Vertiefung in das Styropor bohren und vorsichtig ein paar Tropfen Aceton oder Nagellackentferner hineintropfen. Die Styroporform löst sich innen auf und lässt sich dadurch gut zusammendrücken.

Schmuckdöschen

Für alle Döschen bei den in der Materialspalte angegebenen Styroporkugeln den unteren Teil für die Standfläche abschneiden und die Kugeln mit Märchenwolle einwickeln. Teilweise Muster auflegen. Die Kugeln jeweils nach der Anleitung „Überfilzen von Holzperlen und Styroporteilen" (Seite 26) überfilzen. Wenn die Styroporkugeln satt eingefilzt sind, die jeweilige Deckelform mit dem Cutter einschneiden und die Schnittstelle überfilzen. Styroporkugel entfernen (siehe Tipp). Damit die Döschen schön rund gewalkt werden können, eine kleinere Styroporkugel oder – sollte die Öffnung zu klein sein – einen Luftballon einlegen. Den Luftballon nachträglich aufblasen. Die Deckelöffnung mit Nadel und Faden zusammennähen, damit Deckel und Öffnung gleich groß bleiben. Dose walken.

Bei dem **Döschen in Grün/Pink** mit pinkfarbener Wolle trocken eine Kugel formen und mit der Filznadel (Anleitung Seiten 13 – 15) auf dem Deckel befestigen. Ebenfalls mit der Filznadel Punkte auffilzen.

Bei dem **Döschen in Pink/Orange** nach dem Entfernen der größeren Kugel die kleinere Kugel einfilzen. Dazu die Öffnung wieder zunähen und weiter filzen, bis der Filz satt um die kleinere Kugel passt. Faden entfernen.

Bei dem **Döschen in Pink/Violett** beim Umwickeln der Kugel mit der violetten Wolle oben und unten drei Schlaufen legen und dabei die oberen Schlaufen zu einem Schwänzchen auslaufen lassen.

MATERIAL

Kette
(Länge: 65 cm)
- Märchenwolle in Orange, Pink, Schwarz
- Seifenlauge
- 84 Rocailles in Aubergine, matt, 5,5 mm Ø
- 17 Perlen in Aubergine, matt, 5 mm Ø
- Schmuckdraht in Schwarz, plastifiziert
- Karabinerverschluss in Platin, 13 mm Ø
- 4 Quetschperlen

Armband
- Märchenwolle in Orange, Pink, Schwarz
- Seifenlauge
- 36 Rocailles in Aubergine, matt, 5,5 mm Ø
- Stretch-Magic in Schwarz, 1 mm Ø
- Quetschperlen

Halbkugel-Kollier

Nach der Anleitung unten Halbkugeln herstellen, die Mitte in Orange/Pink vorfilzen und mit den Farben Schwarz, Pink, Schwarz und Orange fortfahren. Für die Kette die Halbkugeln mit einer Ahle im oberen Drittel durchstechen. Mit den Perlen auf den schwarzen Schmuckdraht reihen. Karabinerverschluss mit den Quetschperlen befestigen. Für das Armband die Halbkugeln zweimal neben der Mitte mit der Ahle durchstechen. Die Halbkugeln abwechselnd mit Rocailles auf Stretch-Magic reihen. Mit Quetschperlen verschließen.

Halbkugeln mit Mustern anfertigen

1 Wie bei der Anleitung „Kugeln filzen" beschrieben (Seite 9), einen Mittelkern aus zwei Farben formen, nass machen und leicht anfilzen.

2 Jede weitere Farbe zuerst trocken darum wickeln, nass machen und mit Seife leicht anfilzen. Ein schöner Effekt entsteht, wenn zwischen den Farben eine einheitliche Trennfarbe, wie zum Beispiel Schwarz, gelegt wird. Bevor die neue Wollschicht aufgelegt wird, die Seife aus der Kugel spülen. Für die Anfertigung mehrerer gleicher Kugeln ist es empfehlenswert, die Farbfolge aufzuschreiben oder alle Kugeln gleichzeitig Schritt für Schritt anzufertigen, da die Farben erst beim Aufschneiden wieder sichtbar sind.

3 Um eine schöne Schnittstelle zu erhalten, muss die Kugel sehr fest gefilzt werden. Die feuchte Kugel sofort nach der Fertigstellung mit einem Cutter durchschneiden.

MATERIAL

Band mit Metallperlen
(Länge: 70 cm, 3x Umfang Handgelenk)
- Märchenwolle in Dunkelblau
- Seifenlauge
- 6 Metallperlen „Blume", 8 mm Ø
- 6 Metallhülsen, 4 x 10 mm

Band in Blautönen
(Länge: 1 m, 5x Umfang Handgelenk)
- Märchenwolle in Hellblau, Blau, Dunkelblau
- Seifenlauge

Band in Rottönen
(Länge: 90 cm, 4x Umfang Handgelenk)
- Märchenwolle in Orange, Pink, Violett
- Seifenlauge

Anleitung „Blütenring" Seite 12

Bei dem Armband mit den Metallperlen das Band zunächst anfeuchten, die Perlen aufziehen und dann zum Ring schließen.

Ringe & Armbänder

Armbänder filzen

1 Die Wolle in einem Streifen auf Noppenfolie oder Gardinenstoff auslegen, für dünne Schnüre etwa 5 cm breit. Darauf achten, dass sich die Wollfasern an den Verbindungsstellen überlappen. Für geschlossene Schmuckschnüre den Streifen zum Ring schließen und trocken leicht einrollen, damit sich die Ränder schließen.

2 Mit Wasser leicht besprühen und mit der Unterlage hin und her bewegen, bis sich eine leicht verfilzte Oberfläche bildet. Dann mit mehr Wasser und Seife arbeiten und darauf achten, dass die Schnur nicht flach wird. Nach dem Vorfilzen mit mehr Druck arbeiten und zuletzt die Schnüre in ein Frotteetuch einrollen. Wird die Schnur auch in der Länge gewalkt, entstehen kleine Noppen.

Ring mit Perlen

1 Auf das spitz auslaufende Ende eines daumendicken Wollstranges, der zweimal über zwei Finger gewickelt werden kann, eine oder mehrere Perlen aufziehen und etwas nach hinten schieben. Strang um die Finger wickeln, nass machen und mit Seife vorsichtig über den Fingern bearbeiten, dabei darauf achten, dass die Perlen obenauf bleiben und die Enden sich gut verbinden. Langsam und behutsam den ganzen Ring bearbeiten.

2 Wenn sich der Filzstrang nicht mehr rollen lässt und flach wird, Seife auswaschen und weiterrollen, bis sich eine kompakte Rolle bildet. Jetzt mit Druck, heißem Wasser und wieder mit Seife die endgültige Größe filzen. Den Ring auch in Längsrichtung walken, dabei in ein Frotteetuch einwickeln.

MATERIAL

- Märchenwolle in Gelb, Orange, Rosa, Rot, Grün
- Seifenlauge
- Holzperlen-mischung, bunt
- Gummifaden in Gelb, Pink, 1 mm Ø

Zusätzlich
- Stopfnadel, dick und spitz

Bunte Kette

1 Wollkügelchen und -würstchen in der Seifenlauge filzen. Für eine Kugel faustgroße Flocken farbiger Wollfasern auszupfen, in der Mitte zusammendrehen, die Enden darüber legen und wieder zwirbeln. Die Kugel in die heiße Lauge tauchen, dann sanft drücken, dieses wiederholen, bis sich die Oberflächenwolle verbindet. Die Kugel zwischen den Handflächen immer stärker rubbeln und reiben. Am Schluss mit klarem Wasser ausdrücken.
Für die Kette und das Armband etwa 20 – 30 Kugeln anfertigen.

Schneller geht es so: Die Kügelchen filzen, bis sich die Oberflächenwolle verbunden hat. Die vorgefilzten Kugeln in ein Stoffsäckchen geben und in der Waschmaschine bei 60 Grad waschen. Trocknen lassen.

2 Gummifaden, für die Kette 65 cm, für das Armband 20 cm, abschneiden und mit der Stopfnadel abwechselnd Filzperlen und Holzperlen auffädeln. Enden verknoten.

MATERIAL

Kette
- Märchenwolle in Orange, Pink, Violett, Blau, Schwarz
- Seifenlauge
- 9 Holzperlen, 20 mm Ø
- 10 Metallperlen „Blume", 8 mm Ø
- Schmuckdraht in Silber, mit Kunststoff ummantelt, 6 mm Ø, 45 cm
- 2 Endklemmen in Platin, 3 mm Ø
- 1 Karabinerverschluss in Platin, 13 mm Ø
- 2 Zwischenringe in Platin, 6 mm Ø

Blütenring
- Märchenwolle in Pink, Violett, Weiß
- Seifenlauge

Anleitung „Blütenring" Seite 12

Eisbär
- Märchenwolle in Reinweiß, Rosa, Schwarz
- Filznadel
- Holzperlen in Schwarz, 4 mm Ø
- Lackdraht in Blau, 0,5 mm Ø
- Transparent-Nähfaden

Vorlage 3
Seite 60

Farbenrausch

Kette

Die Holzperlen mit Wolle in verschiedenen Farben überfilzen. Die trockenen Kugeln mit einer Ahle durchstechen und mit den Metallperlen „Blume" auf den Schmuckdraht reihen. An beiden Seiten Endklemmen befestigen und den Karabinerverschluss mit den Zwischenringen einhängen.

Eisbär

1 Den Körper mit Kopf nach der Vorlage filzen und modellieren; dabei den Hals einkerben. Die Schnauze, schwarze Nase und die separat gefilzten, flachen Ohren mit rosafarbenem Innenohr auffilzen. Den Mund einkerben und die Perlen-Augen aufnähen. Arme und Beine ebenfalls separat filzen und jeweils eine rosafarbene Strähne zur Schnecke rollen und anfilzen. Arme und Beine durch zahlreiche Stiche am Körper fixieren; zur Stabilisierung den Ansatz mit dünnen Strähnen umwickeln und verfilzen.

2 Lackdraht über einer Stricknadel zur Spirale eindrehen und eine Schlinge bilden. Den Bären hineinsetzen. Vereinzelt den Draht mit weißen Strähnen umwickeln, die zu kleinen Schneebällen verfilzt werden.

Überfilzen von Holzperlen und Styroporteilen

Holzperle oder Styroporteil mit Wolle gleichmäßig umwickeln, nass machen und sanft zwischen den seifigen Händen bewegen. Durch das Wasser wird die Wolle wie eine zu große Haut. Damit sich keine Falten und Taschen bilden, muss am Anfang mit kleinen, feinen Bewegungen gearbeitet werden. Langsam schmiegt sich die Wolle immer dichter an den Innenkern und bildet eine kompakte Oberfläche.

KUSCHELIGES FÜR KINDER

MATERIAL

Sandmännchen
- Märchenwolle in Rot, Rosé, Haut, Taubenblau, Gelb
- Filznadel
- Spieluhr „Sandmännchen", 5 x 4,5 x 3 cm
- Holzperlen in Schwarz, 4 mm Ø
- Transparent-Nähfaden
- Kupferdraht, 0,6 mm Ø

Sternenkind
- Märchenwolle in Gelb, Reinweiß, Haut, Rosé
- Filznadel
- Spieluhr „La Le Lu", 5 x 4,5 x 3 cm
- Rocailles in Schwarz, 3,1 mm Ø
- Transparent-Nähfaden
- Kupferdraht, 0,6 mm Ø

Vorlagen 4, 5
Seiten 61, 62

Spieluhren

Sandmännchen

1 Die Spieluhr mit 1,20 m Draht wie ein Paket verschnüren (siehe Vorlage 4). Die Enden über der Spieluhr zur Kordel drehen. Für den Kopf eine Kugel (35 mm Ø) filzen; Nase, Wangen und Mund auffilzen, die Perlen-Augen aufnähen. Rund um den Kopf gelbe Strähnen anfilzen, vorne einkürzen, hinten zu einem Kegel arbeiten. Diesen mit Taubenblau (und Rot) umwickeln und filzen.

2 Bei der Spieluhr für Seitenteile und Boden Platten aus roter Wolle als stabile Hülle herstellen, um die Uhr legen (ohne untere Seite) und die Ansätze verfilzen. Als Arme blaue Wolle anbringen. Die Spieluhr herausziehen und den Kopf am vorderen Rand der Hülle anfilzen; eine Strähne in Haut um den „Hals" wickeln und stark verdichten. Die Spieluhr einstecken und den Draht hinter dem Kopf durch die Hülle ziehen (siehe Vorlage 4) und zur Aufhängeschlaufe biegen. Die Bodenplatte anbringen; dabei ein Loch um die Schnur filzen.

3 Hände separat filzen und anfügen. Für den Stern gelbe Strähnen in der Mitte sternförmig zusammenfilzen, gleichmäßig auffächern und Zacken ausschneiden; dann anfilzen. Einen separat gearbeiteten Mond anbinden.

Für das **Sternenkind** Kopf und gelben Körper mit weißer Wolken-Platte unten um die Spieluhr herumfilzen, wie beim Sandmann beschrieben; vor dem Anfilzen des Kopfes zwei separat gefertigte dünne Sternzacken (in Gelb mit weißen Strähnen) kreuzweise auf dem Körper fixieren. Als Haare zunächst eine Strähne von vorne nach hinten anfilzen; die Fransen einkürzen. Anschließend Strähnen von einer Seite zur anderen auflegen. Eine Wolke befestigen.

MATERIAL

- Märchenwolle in Gelb, Orange, Rosa, Rot, Grün, Blau
- Seifenlauge
- Tennisbälle, alt
- Leere Überraschungsei-Kapseln
- Glöckchen
- Gummifaden in Gelb, Rot, Blau, 1 mm Ø

Zusätzlich
- Stopfnadel, dick und spitz

Klingelbälle

1 Tennisball mit einem scharfen Messer etwa 5 cm aufschneiden, dies sollte ein Erwachsener übernehmen. Glöckchen in die Kapsel stecken, diese in den Ball drücken.

2 Die mit Flöckchen farbiger Wolle überzogenen Tennisbälle in die Lauge tauchen und drücken, bis sich die Wolle verbunden hat. Dann mit leichten Streichbewegungen weiterarbeiten, die zunehmend stärker werden bis zum festen Rollen und Kneten. Zwei bis drei Schichten arbeiten.

3 Gefilzte Objekte am Ende mit klarem Wasser ausspülen, nochmals in Form drücken und in der Sonne oder auf der Heizung einen Tag trocknen lassen.

4 Nach dem Trocknen mithilfe einer Stopfnadel den 70 – 100 cm langen Gummifaden 2 cm breit durch die Filzschichten ziehen und verknoten. Am anderen Ende eine Halteschlaufe einknoten.

MATERIAL

- Filzplatten in Weiß, Gelb, Blau, Lila
- evtl. Filznadel
- Märchenwolle in Natur, Gelb, Blau, Weiß
- Biegeplüsch
- Holzkugeln (Köpfe), 4,5 cm Ø
- Perlen in Weiß, 1,5 cm Ø
- Stickgarn in Gelb oder Blau
- Lackstifte in Rot, Schwarz

Vorlagen 6, 7
Seite 63

Sandmännchen

1 Mit Lackstiften Augen und Mund auf die Holzkugeln malen, trocknen lassen. Biegeplüsch, 10 cm lang, rund biegen und beide Enden in die Öffnung einer Holzkugel kleben.

2 Mütze zuschneiden (Vorlage 6), Mützennaht schließen und die Mütze am Kopf festkleben. Ein wenig Märchenwolle als Haare unter den Mützenrand schieben, mit einkleben.

3 Zwei Quadrate, je 6,5 x 6,5 cm, Mond, Sternchen und Wolke (Vorlage 7) aus Filz schneiden oder mithilfe von Negativschablonen filzen (siehe auch Anleitung „Lebkuchenmännchen" Seite 52). Verzierungen aufkleben oder anfilzen. Die Quadrate zusammennähen, dabei in der Mitte einer Seitenkante beginnen. Bevor die Naht ganz geschlossen wird, die Biegeplüsch-Schlaufe und etwas Schafwolle als Füllung zwischen die Lagen geben.

4 An allen vier Ecken des quadratischen Körpers weiße Perlen als Arme und Beine annähen.

MATERIAL

Elefant
- Märchenwolle in Grau, Hellgrau, Reinweiß

Pinguin
- Märchenwolle in Hellgrau, Schwarz, Reinweiß

Ente
- Märchenwolle in Gelb, Maisgelb, Orange

Eule
- Märchenwolle in Hellbraun, Braun, Weiß

Alle
- Filznadel
- Rocailles in Schwarz, 3,1 mm Ø
- Transparent-Nähfaden

Vorlagen 8 – 11
Seite 63

Stift-Figuren

Für **alle Figuren** gilt die gleiche Arbeitsweise: Zunächst eine Wollsträhne um den Stift herumwickeln und am Stift entlang verfilzen, bis eine stabile, etwa 1 cm dicke Hülle entsteht. Die nach oben überstehende Wolle über dem Stift zum Kopf modellieren; dabei durch zahlreiche Einstiche den Hals einkerben.

Beim **Elefanten** Körper und Kopf in Grau modellieren, graue Strähnen anbauen und zum Rüssel filzen. Weiße Stoßzähne und flache hellgraue Ohren mit grauem Innenohr separat filzen und anschließend fixieren. Perlen-Augen aufnähen.

Den Körper und Kopf des **Pinguins** in Hellgrau fertigen. Den Kopf mit schwarzer Wolle bedecken und einen weißen Augenfleck auf beiden Seiten auffilzen. Perlen-Augen aufnähen. Separat zwei flache Flügel filzen und am Ansatz auf dem Pinguin fixieren.

Den gelben Körper der **Ente** filzen; dabei den Hals durch starkes Verdichten der Wolle schlank arbeiten. Jeweils eine Wollsträhne in der Mitte knicken und als Flügel und Haarbüschel am Kopf fixieren; die Haare einkürzen. Den Schnabel und zwei Füße separat flach filzen. Den Schnabel mittig, die Füße am Ansatz an der Ente fixieren. Perlen als Augen aufnähen.

Die **Eule** in Braun filzen; den Hals durch zahlreiche Einstiche über dem Stift verdichten. Zwei separat gearbeitete flache Flügel am Ansatz fixieren. Einen weißen Brustfleck auffilzen. Für die Augenkreise weiße Strähnchen kreuz und quer auflegen und in der Mitte (= Position des Auges) durch Einstiche fixieren. Die Haare rundum gleichmäßig rund abschneiden. Augen und Schnabel aus Perlen aufnähen.

MATERIAL

Elefantentasche
- Filzplatten in Orange, Rot, 4 mm dick, 30 x 45 cm
- Filznadel
- Märchenwolle in Hellgrau, Grau, Weiß, Reinweiß, Violett, Gelb
- Holzperlen in Schwarz, 4 mm Ø
- Zwirn in Schwarz
- Transparent-Nähfaden

Giraffe
- Märchenwolle in Gelb, Braun, Haut, Reinweiß
- Filznadel
- Holzperlen in Schwarz, 4 mm Ø
- Perlgarn in Braun
- Transparent-Nähfaden

Vorlagen 12, 13
Seiten 64, 65

Tipp:
Zur Sicherheit den Elefanten mit Transparent-Nähfaden im Randbereich aufnähen.

Elefant & Giraffe

Tasche mit Elefant

1 Die Grundplatte des Elefanten nach der Vorlage mit weißer Wolle filzen, zuletzt mit grauer Wolle umgeben. Für die Beine Strähnen in der Mitte knicken und mit den Enden am Körper fixieren. Der Elefant sollte etwa 1 cm dick sein. Rüssel und Hals durch zahlreiche Einstiche modellieren. Das flache Ohr, den Stoßzahn, den Schwanz und die Blüte separat arbeiten und mit Stichen fixieren. Wangen und Zehen direkt auffilzen. Perlen-Augen annähen.

2 Für die Tasche eine Filzplatte (30 x 45 cm) in der Mitte knicken, den Elefanten auffilzen und die Tasche mit reißfestem Zwirn im Knopflochstich zusammennähen. Aus einer weiteren Platte drei je 12 mm breite Streifen Filz schneiden (siehe Vorlage 12), in die Länge ziehen und einen Zopf flechten. Die Streifen an den Enden gleichmäßig einkürzen und zusammennähen. Zuletzt den Zopf mit Transparent-Nähfaden auf die Tasche nähen.

Lesezeichen-Giraffe

Die etwa 1 cm dicke Giraffen-Platte nach der Vorlage 13 filzen und modellieren. Aus brauner, direkt aufgelegter Wolle Nasenlöcher, Wangen, Mund und Flecken arbeiten. Hörner und flache Ohren separat filzen und mit Stichen am Kopf fixieren. Für jedes Bein drei Perlgarnfäden bis zur Mitte einziehen und jeweils einen Zopf flechten. Am Ende einen Knoten legen. Diesen mit Wolle umwickeln und einen „Fuß" filzen. Perlen-Augen aufnähen.

MATERIAL

FRÜHLING & OSTERN

Huhn
- Märchenwolle in Reinweiß, Gelb, Maisgelb, Grasgrün, Feuerrot
- Filznadel
- Rocailles in Schwarz, 3,1 mm Ø
- Glitterfilz in Weiß
- Holzspieß
- Transparent-Nähfaden

Hase
- Märchenwolle in Hellbraun, Braun, Orange, Wiese, Hellgrün
- Filznadel
- Wattekugeln, 1x 30 mm Ø, 1x 40 mm Ø
- Holzperlen in Schwarz, Rosa, 4 mm Ø
- Glitterfilz in Rot
- Chenilledraht in Chamois
- Holzspieß
- Zahnstocher
- Transparent-Nähfaden
- Kraftkleber

Vorlagen 14, 15
Seiten 65, 66

Osterstecker

Huhn

1 Einen weißen Strang (20 cm) in der Mitte knicken, die Enden einschlagen, die Wolle verdichten und dünne Strähnen anfilzen, bis die Vorlage erreicht ist. Den Hals oben verdichten. Als Schwanzfedern kleine Strähnen knicken und anfilzen. Pro Flügel eine kleine Strähne rund formen und anbringen. Die Enden abstehen lassen.

2 Schnabel, Lappen und Kamm aus kleinen Strähnen rollen und verfilzen. Den Kamm an zwei Stellen von oben verdichten. Für die Füße eine Strähne (10 cm) in der Mitte (Fuß hinten) knicken, die Haare in drei gleiche Teile teilen, diese nach hinten umknicken und den Fuß nach der Vorlage filzen. Alle Details fixieren, Augen annähen und die Wiesenplatte filzen. Auf die Blüten das Innere auffilzen; diese und das Huhn auf der Wiese fixieren, den Holzspieß einschieben.

Hase

1 Für die Ohren einen Chenilledraht (20 cm) biegen und in der 30-mm-Wattekugel fixieren. Als Hals einen Zahnstocher in beide Wattekugeln einkleben. Alles mit dünnen Strähnen fest umwickeln und an der Kugel entlang verfilzen. Die Schnauze auffilzen, Nase und Augen aufnähen. Einen Chenilledraht (15 cm) als Arme um den Hals wickeln, die Enden rund einrollen und herumgewickelte Wolle verfilzen. Einen Filzschal umbinden.

2 Eine Mohrrübe aus einer zusammengelegten Strähne (20 cm) filzen. Kleine, mittig geknickte Strähnen als Kraut anbringen. Die Rübe an der Hand anfilzen. Vier grüne Strähnen (30 cm) mit der Mitte sternförmig aufeinander legen, verfilzen und am Hasen fixieren. Den Holzspieß einschieben.

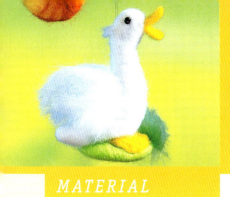

MATERIAL

Gänse
- Märchenwolle in Reinweiß, Maigrün, Gelb, Grasgrün
- Filznadel
- Filz in Türkis
- Rocailles in Schwarz, 3,1 mm Ø
- Transparent-Nähfaden

Ostereier
- Märchenwolle in Gelb, Feuerrot, Leuchtrot, Orange, Cyclam, Maigrün, Grün, Türkis
- Filznadel
- Filz in Weiß
- Styropor-Eier, 60 mm Ø, 45 mm Ø
- Transparent-Nähfaden

Vorlagen 16 – 18
Seiten 66, 67

Gänse & Ostereier

Für die **Gänse** einen Strang (20 cm) in der Mitte (Kopf) knicken, die Enden einschlagen und filzen. Weitere kleine Strähnen rundum anfilzen, bis die Form der Vorlage erreicht ist. Für die Beugung des Kopfes unter dem Kopf und oben am Hals mehrfach einstechen (s. Seite 14). Separat gefertigte Schnäbel und Füße anfilzen. Für die Flügel eine mittig geknickte Strähne anbringen; die Enden einkürzen. Augen aufnähen. Kleine Wiesen-Platten (1 cm dick) filzen (s. Seite 15) und von unten her anbringen. Grasbüschel einstechen und Blüten aus Filz mittig fixieren; vorher einen Wollkreis auffilzen.

Für die **Ostereier** die Styropor-Eier eng mit dünnen, aufgefächerten Strähnen umwickeln und senkrecht mit der Nadel verfilzen. In anderen Farben Spiralenmuster anfilzen. Auf Blüten aus Filz das Woll-Innere auffilzen und mit der Mitte an den Eiern anbringen.

Entenküken
Abbildung & Materialangaben Seite 42/43

Die **Enten** filzen, wie auf den Seiten 13 – 15 beschrieben. Bei der sitzenden Ente Chenilledraht (30 cm) für die Füße einbauen, bei der stehenden Ente separat gefilzte Füße anfilzen. Beim Küken mit Ei die Bodenplatte, das Ei und den Kopf getrennt filzen; zuletzt alles durch zahlreiche Stiche verbinden. Gras- und Haarbüschel einstechen sowie Perlen-Augen aufnähen.
Für den **Marienkäfer** die ovale Form für die Flügel und das Unterteil mit Kopf getrennt arbeiten und dann zusammenfilzen. Punkte auffilzen, Fühler einstechen und Nase und Augen aufnähen. Den Käfer am Entenbein anfilzen.

MATERIAL

- Märchenwolle in Gelb, Maisgelb, Hellgrün, Grasgrün, Feuerrot, Schwarz, Hellbraun, Orange
- Filznadel
- Holzperlen in Schwarz, 4 mm Ø
- Rocailles in Schwarz, 3,1 mm Ø
- Rocaille in Rot, 2,5 mm Ø
- Chenilledraht in Chamois
- Transparent-Nähfaden

Vorlagen 19, 20
Seite 67

Anleitung Seite 40

Entenküken

MATERIAL

- Märchenwolle in Grasgrün, Maigrün, Gelb, Orange, Türkis, Mittelblau, Feuerrot, Cyclam, Reinweiß
- Filznadel
- Acrylfarben in Fleischfarbe, Schwarz, Weiß, Karmin
- Chenilledraht in Chamois
- Holzkugel, 2 cm Ø
- Transparent-Nähfaden
- Kraftkleber

Zusätzlich
- dünner Haarpinsel
- Sticknadel

Vorlagen 21 – 24
Seiten 68, 69

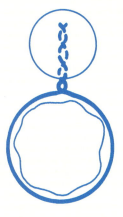

Elfen

1 Der Aufbau aller vier Elfen ist gleich: Eine Holzkugel fleischfarben grundieren und das Gesicht gestalten. Die Enden eines Chenilledrahtes (12 cm) etwa 2 cm weit miteinander verdrehen; das verdrehte Stück in die Holzkugel einkleben. Den Draht zum Kreis biegen und mit einer Kugel aus gerollter Wolle ausfüllen. Den Körper mit mehreren Lagen von dünnen Wollsträhnen umwickeln und alles verfilzen, bis der Durchmesser des Körpers etwa 4 bis 5 cm beträgt.

2 Jeweils eine dünne Strähne als Haare von vorne nach hinten mit Kraftkleber auf der Holzkugel fixieren; die Fransen vorne einkürzen. Eine weitere Strähne von einer Seite zur anderen auf dem Kopf fixieren. Die Haare entweder ausgefranst lassen, gleichmäßig abschneiden oder zu Zöpfen flechten. Bei den Zöpfen die Wolle unten verfilzen.

3 Bei der Narzisse dünne, beim Krokus dickere, etwa 20 cm lange Strähnen mittig am Hals und oberen Teil des Körpers auf dem Körper anfilzen. Für die Tulpe und das Schneeglöckchen separat jeweils drei Blütenblätter filzen; dabei die Strähne in der Mitte knicken (unterer Rand der Blütenblätter). Die Enden einkürzen und am Hals und oberen Teil des Körpers auffilzen.

4 Für die Kopfbedeckung separat Blütenblätter arbeiten. Diese am Ansatz zusammenfilzen und mit 10 cm langen Strähnen in Grün umgeben, die als Stiel gefilzt werden.

MATERIAL

Korb in Grün
- Märchenwolle in Olivgrün, Rot, Orange, Gelb, je ca. 15 g
- Seifenlauge

Korb in Blau
- Märchenwolle in Weiß, Blau, Türkis, je ca. 15 g
- Seifenlauge

Vorlagen 25 – 28
Seite 70

Zipfel-Körbe

1 Für den Korb in Grün nach den Vorlagen 25 – 28 aus Plastikfolie Schablonen herstellen. Für den Korb in Blau die Schablonen der Vorlagen 26 – 28 verwenden. Die größte Schablone mit zwei Lagen von der innersten Farbe zum Filzen von Hohlformen (Anleitung Seiten 10, 11) vorbereiten und beidseitig leicht vorfilzen.

2 Nächste kleinere Schablone auflegen und dabei nur die obere Lage doppelt legen. Wieder vorfilzen. Mit der dritten und vierten Schablone gleich verfahren. Die äußere Schicht nicht doppelt arbeiten, sonst wird der Korb zu dick.

3 Nach der letzten und äußersten Lage die Mitte sternförmig aufschneiden, dabei die letzte Schablone herausziehen. Spitzen leicht überarbeiten.

4 Jede nächste Mitte versetzt einschneiden, damit die Zipfel nicht direkt übereinander liegen. Die jeweils nächste Schablone herausnehmen. Spitzen und Innenseite weiter filzen und walken. Zuletzt das Filzstück über einen passenden Topf stülpen und fertig formen.

MATERIAL

Eierbecher
- Märchenwolle in Orange, Maisgelb
- Filznadel

Eierwärmer & Serviettenring
- Märchenwolle in Cyclam, Orange, Maisgelb
- Filznadel
- Filz in Lila

Zusätzlich
- Kunststoff-Ei in Weiß, 6 cm

Vorlagen 29 – 31
Seite 71

Ostertisch

Eierbecher

1 Die sechs Blütenblätter aus je einem Strangviertel (20 cm) in Orange arbeiten. Den Strang jeweils in der Mitte (Blütenspitze) knicken und nach der Vorlage 29 auf der Unterlage filzen. Jeweils ein gelbes Strähnchen auffilzen. Die Enden der Wollsträhnen als Blütenmitte miteinander verfilzen.

2 Für den Eierhalter Wolle um eine Ei-Hälfte wickeln und alles an der Eiform entlang verfilzen, bis eine feste Form entsteht. Das Ei herausziehen und den Becher auch von innen filzen. Den Rand der Form, auf dem Ei steckend, durch zahlreiche Einstiche gleichmäßig und fest arbeiten. In Abständen verstärkt einstechen, um die Rundbögen zu modellieren. Den Eierbecher und die Blüte aufeinander filzen.

Die Strähnen in Cyclam und Orange für den **Eierwärmer** überlappend filzen und mit dünnen Strähnen umwickeln, bis ein fester Kegel entsprechend der Vorlage 31 entsteht. Orangefarbene Wolle unten über ein Ei legen, mit zusätzlicher Wolle umwickeln und auf dem Ei an der Form entlang zum festen Eierwärmer filzen. Den Rand zu Rundbögen modellieren, dazu von unten mit der Nadel senkrecht einstechen. Durch Wiederhohlung in regelmäßigen Abständen formt sich der glatte Rand zu Rundbögen. In die Mitte einer Blüte aus Filz schneckenförmig gerollte Wolle auffilzen und am Eierwärmer anfilzen.

Für den **Serviettenring** eine Platte in Orange (16 cm x 2 cm) filzen. Die Enden zu einem Ring zusammenfilzen. Abschnittweise den Ring mit einer dünnen Strähne in Cyclam umwickeln und mit der Nadel fixieren. Eine Filzblüte befestigen (s. o.).

MATERIAL

Elch
- Märchenwolle in Hellbraun, Braun, Weiß, Feuerrot
- Filznadel
- Holzperlen in Schwarz, 4 mm Ø
- Perlgarn in Braun
- Transparent-Nähfaden

Schneemann
- Märchenwolle in Grasgrün, Türkis, Reinweiß, Maisgelb
- Filznadel
- Holzperlen in Schwarz, 4 mm Ø
- Transparent-Nähfaden

Vorlagen 32, 33
Seite 72

WEIHNACHTEN

Elch & Schneemann

Elch

1 Für den Körper eine Kugel filzen, für den Kopf eine Eiform, aus der die Schnauze durch zahlreiche Einstiche herausgebildet wird. Den Mund einkerben, eine rote Nase auffilzen und die Perlen-Augen annähen. Kopf und Körper zusammenfügen und die Verbindung mit zusätzlichen Strähnchen, die um den Hals gewickelt und angefilzt werden, sichern. Locker dünne Strähnen um den Körper legen und in der oberen Hälfte anfilzen.

2 Vier Perlgarnfäden bis zur Mitte durch den Körper ziehen und auf beiden Seiten eine Kordel drehen und mit einem Knoten abschließen; Überstände abschneiden und über den Knoten Füße filzen. Separat flach gefilzte Ohren mit weißem Innenteil am Kopf fixieren. Für das Geweih zwei Strähnen auflegen (siehe Vorlage 32) und das Geweih entsprechend der Vorlage flach filzen. Mit der Mitte am Hinterkopf anfilzen.

Schneemann

Den Schneemann nach der Vorlage 33 filzen. Hals und Mund einkerben. Für die Mütze Strähnen in Türkis und Grün um den Kopf wickeln und anfilzen. Einen sich nach oben verjüngenden Kegel als Mütze filzen; dazu immer wieder neue Strähnen überlappend anbauen. Als Mützenrand einen Wulst grüner Wolle auffilzen. Eine separat gefilzte gelbe Nase am Ansatz einstechen. Perlen als Augen aufnähen. Dünne Strähnen aus grüner und türkisfarbener Wolle zum Schal filzen, mit einem Knoten begrenzen und Überstände abschneiden. Den Schal um den Hals binden und anfilzen.

MATERIAL

- Märchenwolle in Rot, Hellbraun, Dunkelbraun
- Filznadel
- Bastelfilzrest in Rot
- Chenilledraht in Braun
- Je 2 Holzperlen in Schwarz, 6 mm Ø
- Zahnstocher
- Tonkarton
- Kohlepapier
- Bleistift
- Cutter

Vorlage 34
Seite 73

Lebkuchenmännchen

1 Die Negativschablone vom Vorlagebogen auf Tonkarton übertragen und mit dem Cutter exakt ausschneiden.

2 In die freie Innenfläche mindestens zwei Lagen Wolle kreuz und quer auflegen und mit der Nadel verfilzen, dazu auf eine Styroporplatte legen. Die Konturen und auch die Innenfläche sorgfältig filzen, damit beim Auslösen aus der Schablone die Form erhalten bleibt.

3 Auf die halb fertige Form Chenilledraht auf Arme und Beine legen und weitere Wolllagen vorsichtig darüberfilzen. Vorsicht: Die Nadel kann am Chenilledraht leicht abbrechen. Den Filz sorgfältig und gleichmäßig mit der Nadel bearbeiten, bis kein Chenilledraht mehr zu sehen ist.

4 Die Papierschablone entfernen und das Lebkuchenmännchen so lange von beiden Seiten filzen, bis es genügend Festigkeit erreicht hat, um mithilfe des eingelegten Chenilledrahts sitzen zu können. Dabei die Wolke vom Rand her zur Mitte hin filzen, um die Konturen schärfer herauszuarbeiten.

5 Holzperlen als Augen aufnähen. Die Mundform so lange mit der Nadel einstechen, bis sie sich gut abzeichnet. Nase, Bäckchen, Knöpfe und Verzierungen auffilzen.

6 Den Stern nach der Vorlage filzen, auf einem Zahnstocher befestigen und in den Arm des Lebkuchenmännchens stecken.

Seite 52

MATERIAL

- Märchenwolle in Weiß, Orange, Rot
- Filznadel
- Bastelfilz in Orange, Rot
- Je 2 Holzperlen in Schwarz, 6 mm Ø
- Perlgarn in Schwarz
- Silberdraht
- Klammerhalter
- Sticknadel
- Tonkarton
- Kohlepapier
- Bleistift
- Cutter
- Zackenschere

Vorlage 35
Seite 74

Eisbären

1 Die Negativschablone vom Vorlagebogen auf Tonkarton übertragen und mit dem Cutter exakt ausschneiden (siehe auch Anleitung „Lebkuchenmännchen" Seite 52).

2 In die freie Innenfläche mindestens zwei Lagen Wolle kreuz und quer auflegen und mit der Nadel verfilzen. Die Konturen und auch die Innenfläche sorgfältig filzen, damit beim Auslösen aus der Schablone die Form erhalten bleibt. Die Fläche gleichmäßig und stabil filzen: Wenn das Motiv gegen das Licht gehalten wird, sollten keine lichten Stellen zu sehen sein.

3 Den Eisbären mit einer gefilzten Nase von 10 mm Durchmesser ausgestalten. Holzperlen als Augen aufnähen und den Mund mit einigen Stichen aufsticken.

4 Zwei kleine Kugeln von 1,5 cm Durchmesser als Schneeflocken filzen und mit Silberdraht am Hals des Eisbären befestigen.

5 Den Eisbärenkopf in der Klammer fixieren. Mit der Zackenschere einen schmalen Filzstreifen als Schal schneiden und um den Hals binden.

Tipp
Zur Stabilisierung der Form nachträglich Draht, z. B. von einer Büroklammer, in die Filzform stecken und mit der Klammer festklemmen.

MATERIAL

- Märchenwolle in Gelb, Orange
- Filznadel
- Aludraht, 3 mm Ø
- Silberdraht, 0,3 mm Ø
- Seitenschneider
- Cutter

Vorlage 36
Seiten 75, 76

Sterne

1 Für die Sterne zunächst eine Negativschablone nach den Vorlagen in der gewünschten Größe herstellen, d.h. das Motiv mit dem Cutter sorgfältig ausschneiden, dabei den Rand ca. 3 cm breit stehen lassen (siehe auch Anleitung „Lebkuchenmännchen" Seite 52).

2 In die so entstandene freie Fläche die Wolle kreuz und quer einfilzen und die Konturen, so gut es geht, glätten. Wenn der Stern seine Form erhalten hat, die Negativschablone entfernen, den Stern vorsichtig vom Styropor lösen, wenden und mit der Nadel noch einmal wenig Wolle einfilzen. Dabei darauf achten, dass die Form erhalten bleibt.

3 Den Aludraht in die gewünschte Form, wie etwa eine Spirale, biegen und die Sterne mit etwas Silberdraht daran fixieren.

MATERIAL

Wichtel
- Märchenwolle in Weiß, Rot, Schwarz
- Filznadel

Schale
- Märchenwolle in Orange
- Styroporei, ca. 25 cm Umfang
- Filznadel

Vorlagen 37, 38
Seiten 76, 77

Weihnachtstisch

Wichtel

1 Für den Körper des Wichtels einen Rundkegel nach der Vorlage 37 mit der Nadel filzen. Dabei so lange bearbeiten, bis er auf Druck nur noch leicht nachgibt und eine ebene Standfläche besitzt. Die letzte Wollschicht nur noch leicht auffilzen, um die Einstiche zu kaschieren.

2 Den Kopf in gleicher Weise arbeiten, nur zu Beginn die Wolle zu einem kleinen Ball zusammenknüllen und mit weiteren Wolllagen zu einer Kugel von etwa 3 cm Ø vervollständigen. Kopf und Körper mit der Filznadel verbinden, dazu so lange in beide Teile einstechen, bis der Kopf fest auf dem Körper sitzt.

3 Für die Mütze zunächst ein Dreieck vorfilzen. Dabei die Wolle immer kreuz und quer legen und mit der Filznadel so lange bearbeiten, bis das Dreieck sich leicht von der Styroporform lösen lässt. Dieses auch am Rand verfilzen und anschließend so auf den Kopf setzen, dass hinten eine offene Naht entsteht, die mit der Nadel geschlossen wird. Die Mütze nun mit der Nadel in Form bringen, dazu weitere Wolllagen anfilzen, bis sie gebogen werden kann.

4 Den Bart etwas vorfilzen und anschließend am Kopf fixieren, ebenso etwas weiße Wolle als Haare unter der Mütze anbringen. Für die Augen und die Nase kleine Wollkügelchen mit der Nadel direkt auf dem Gesicht befestigen, den Mund mit Wollfäden markieren.

Für die **Schale** auf das stumpfe Ende des Styroporeis bis zur Hälfte mehrere Wolllagen kreuz und quer mit der Nadel auffilzen, nach zwei bis drei Lagen das Material vorsichtig vom Ei lösen, wenden, erneut auf das Ei legen und weitere Lagen Wolle auffilzen. Diesen Vorgang solange wiederholen, bis die Schale eine stabile Festigkeit erreicht hat. Für die Standfläche den unteren Teil leicht nach innen drücken. Am oberen Rand der Schale mithilfe der Nadel Bögen gestalten, dazu in entsprechendem Abstand immer wieder einstechen (Vorlage 38).

VORLAGEN

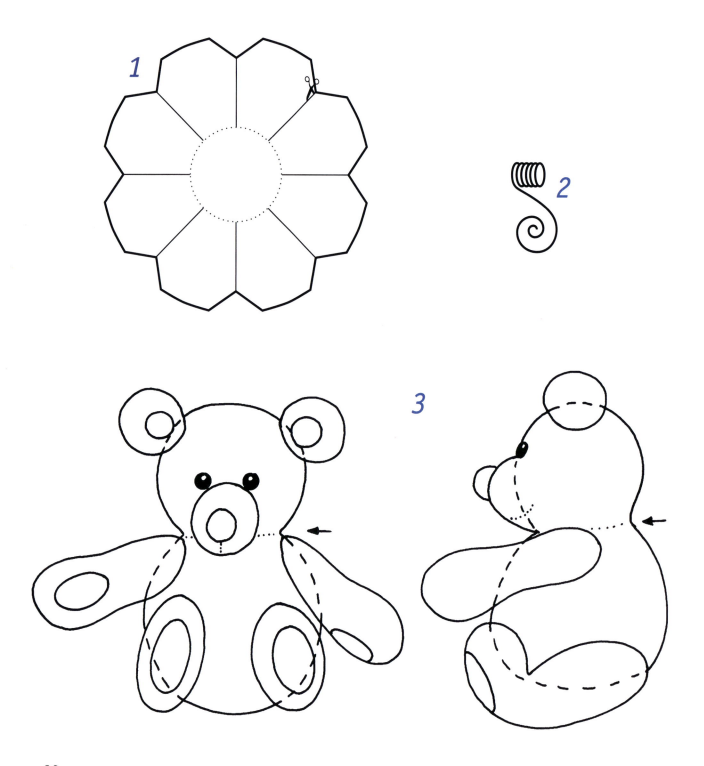

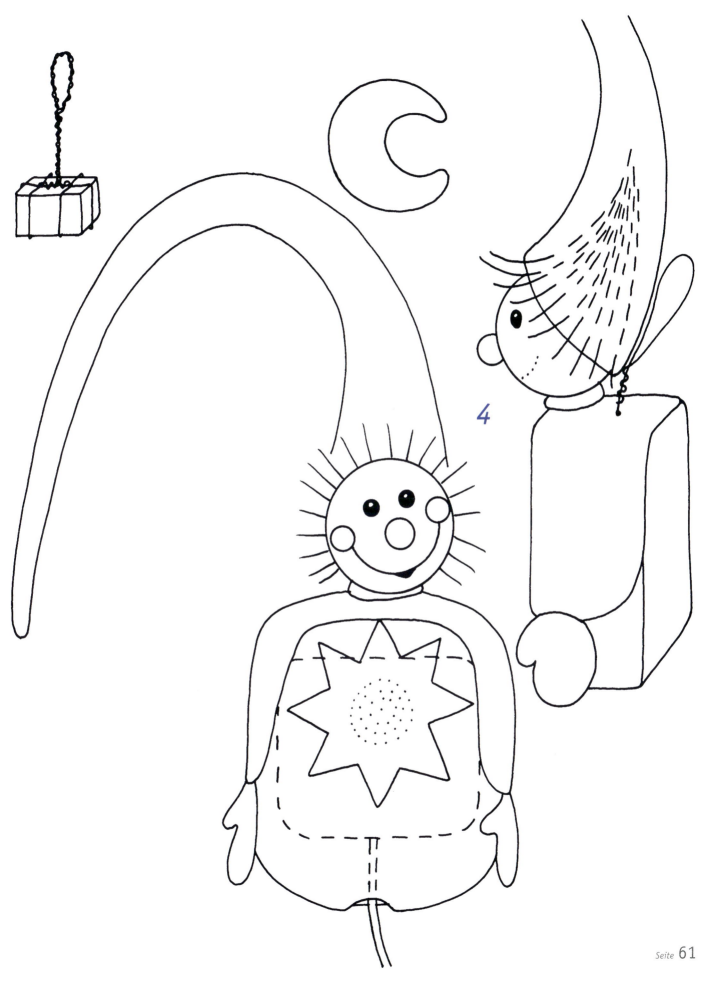

Seite 61

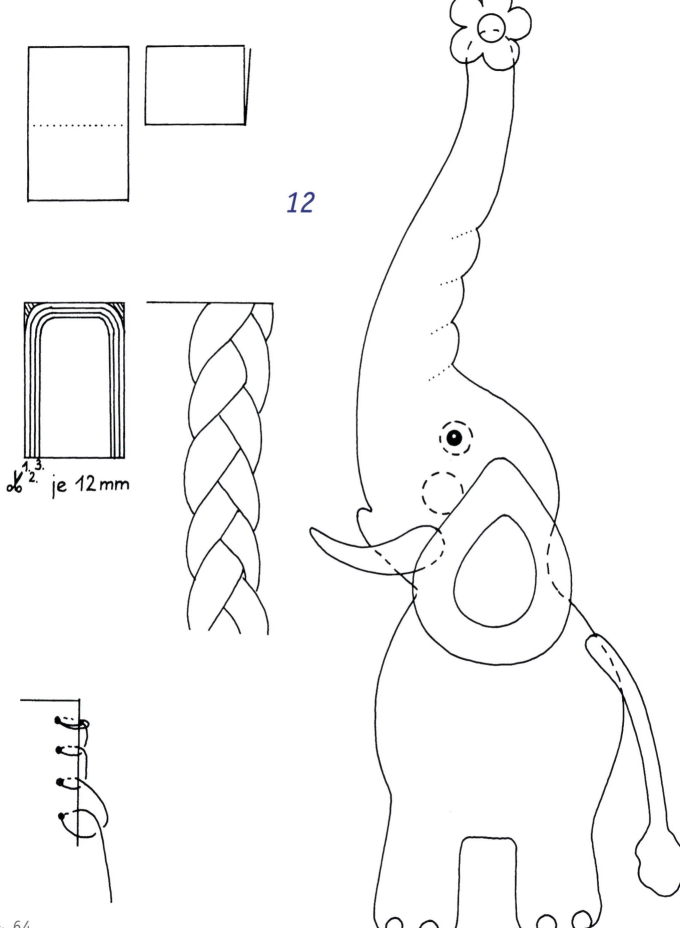

12

je 12 mm

Seite 64

Seite 65

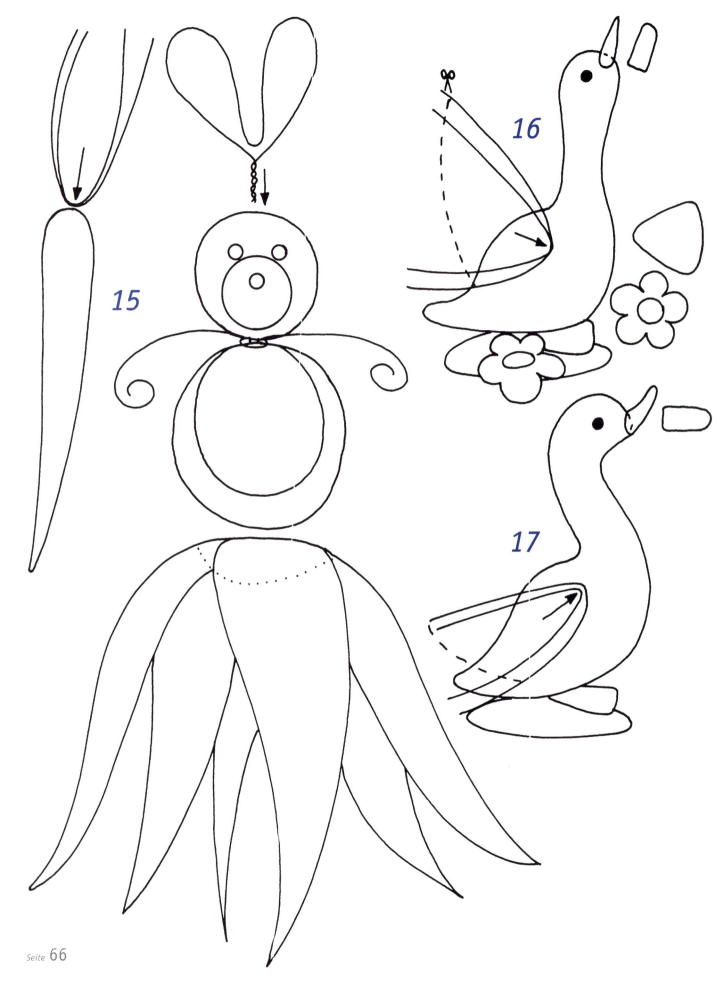

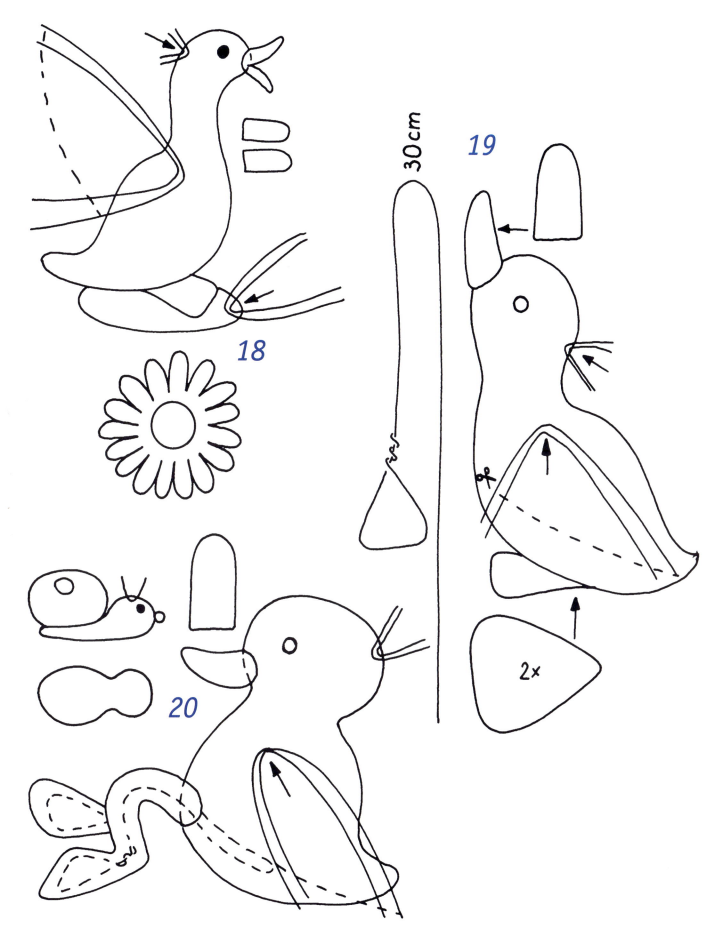

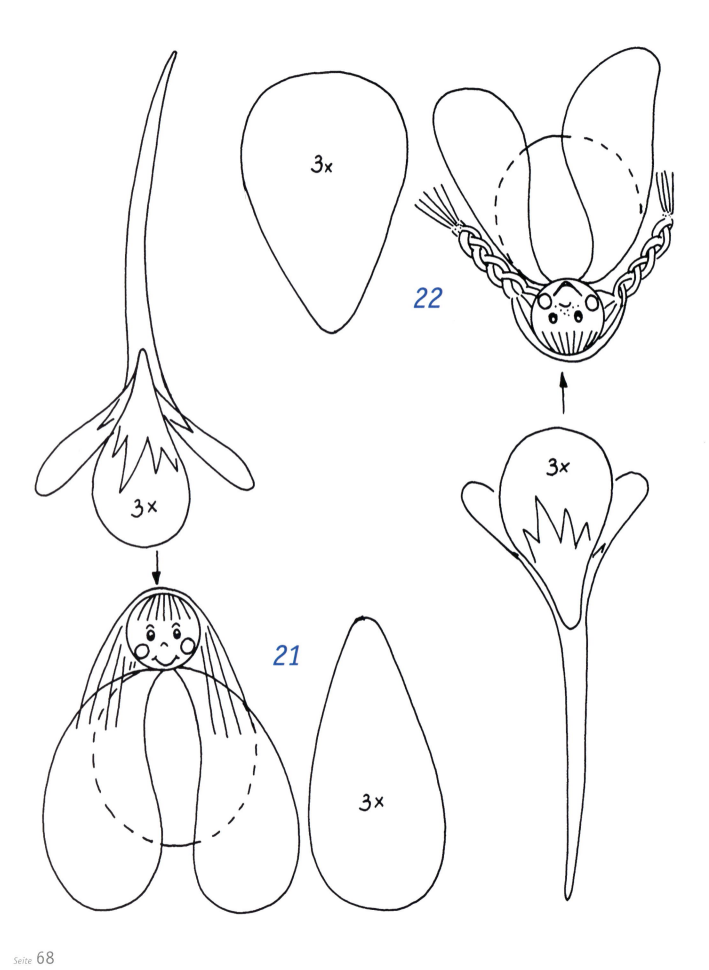

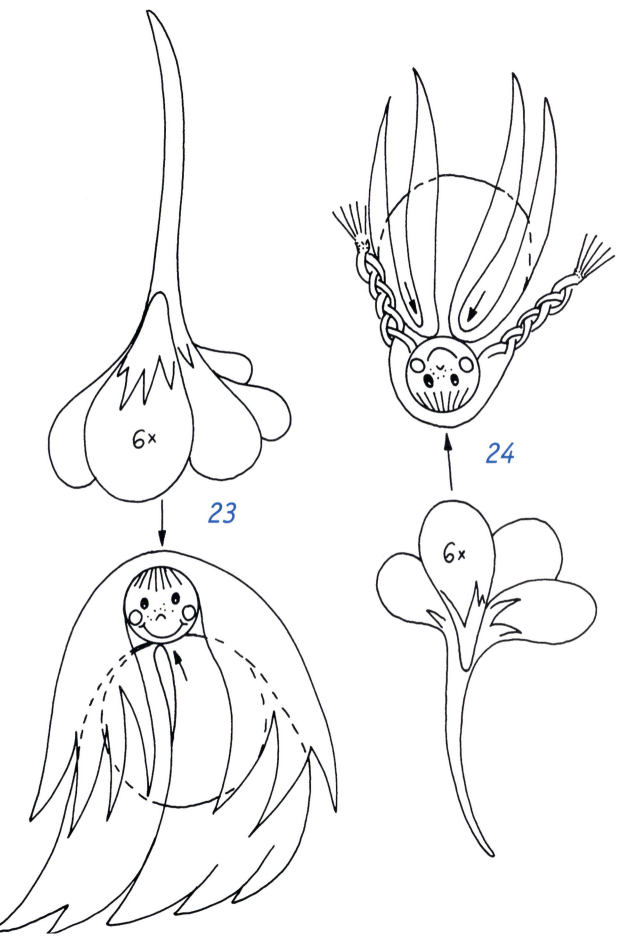

Seite 69

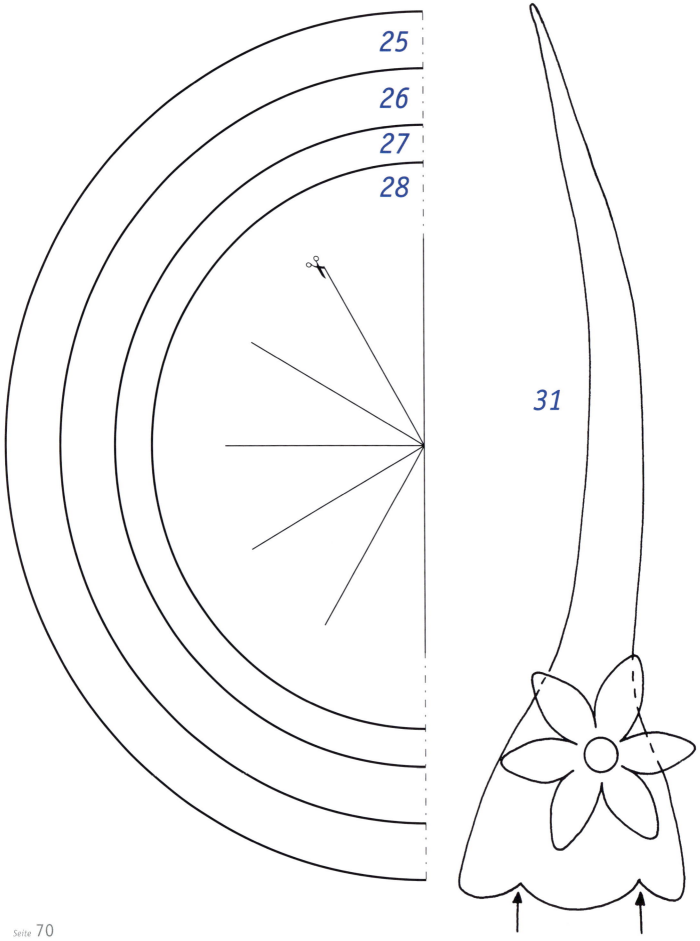

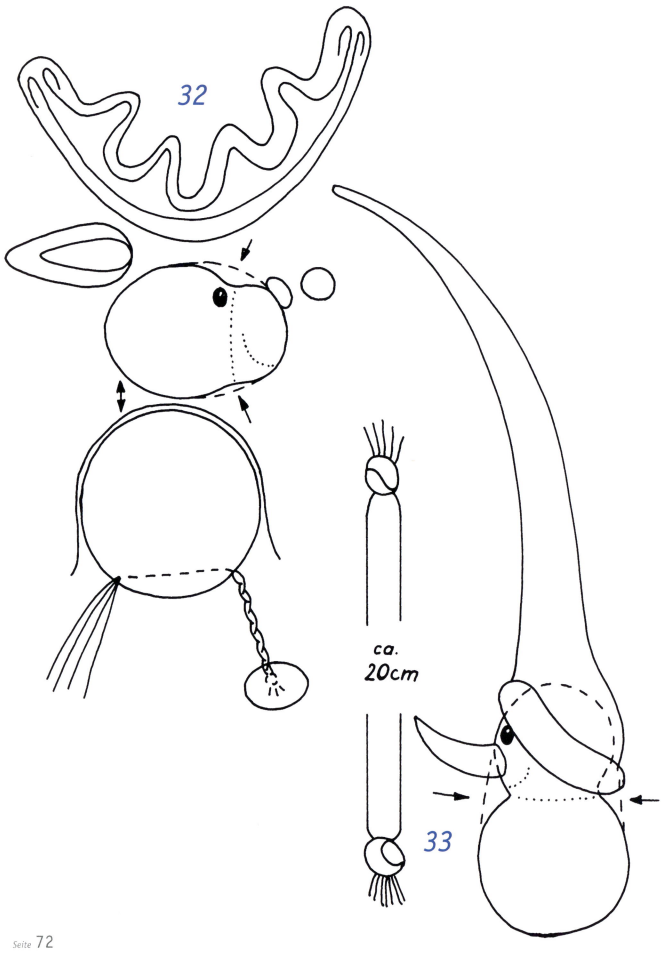

35

36

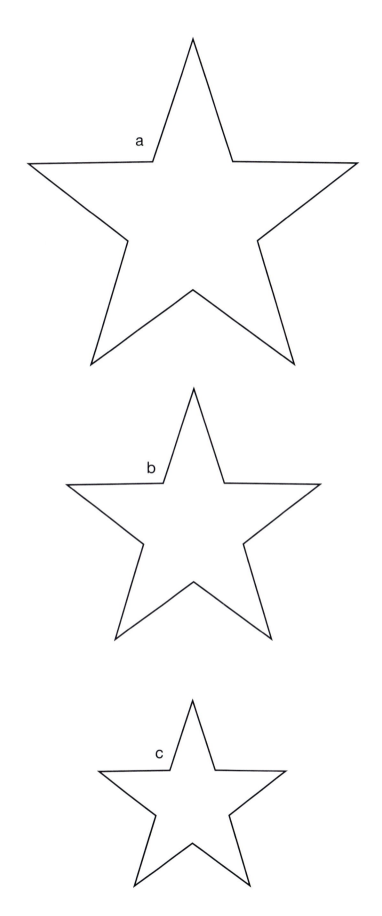

36

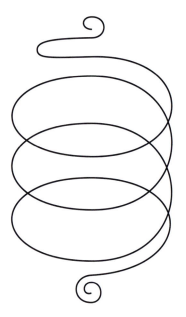

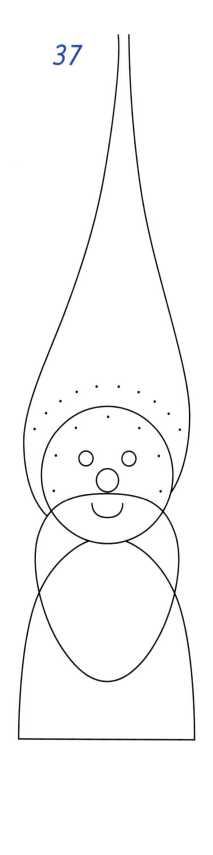

37

37

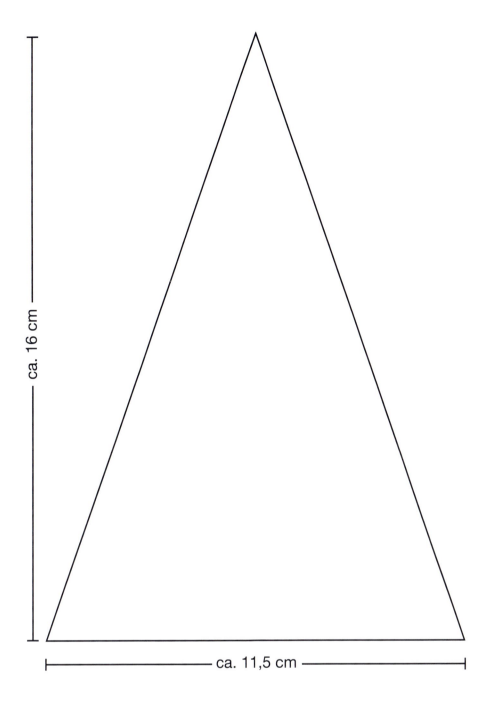

ca. 16 cm

ca. 11,5 cm

38

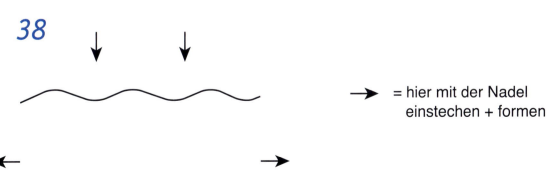

→ = hier mit der Nadel einstechen + formen

Seite 77

Impressum

Autorinnen:
Ernestine Fittkau, Seiten 52 – 59

Ingrid Moras, Seiten 26 – 29, 34 – 45, 48 – 51

Ursula Müller-Wüstemann, Seiten 16 – 23, 26/27, 46/47

Sybille Rogaczewski-Nogai, Seiten 24/25, 30/31

Martha Steinmeyer Seiten 32/33

Abbildungen:
Roland Krieg, Seiten 27, 29, 35 – 45, 49 – 55

Christoph Schmotz, Seiten 21 – 25, 31 – 33, 47, 57 – 59

© Christophorus im Verlag Herder
Freiburg im Breisgau 2004
www.christophorus-verlag.de

Alle Rechte vorbehalten –
Printed in Czech Republic
ISBN 3-419-53643-7

Jede gewerbliche Nutzung der Arbeiten und Entwürfe ist nur mit Genehmigung der Urheberinnen und des Verlages gestattet. Bei Anwendung im Unterricht und in Kursen ist auf dieses Buch hinzuweisen.

Layout: Network!, München
Gesamtproduktion: art und weise, Freiburg
Druck: Graspo, Zlin 2004